깨어나는 밤,
야행성
동물의 세계

토마스 뮐러 글·그림 | 유영미 옮김

살림어린이

글 · 그림 | 토마스 뮐러

1955년에 독일 되벨른에서 태어났습니다. 라이프치히에 있는 대학교에서 그래픽과 북아트를 공부했고, 지금은 일러스트레이터이자 작가로 일하며 라이프치히에서 살고 있습니다. 『제비의 한 해』 『자동차를 타고 가요』 『숲 속 산책』 등 30권이 넘는 어린이 책을 쓰고 그렸습니다.

옮김 | 유영미

연세대학교 독문과와 같은 학교 대학원을 졸업하고 전문 번역가로 일하고 있습니다. 『아빠의 마음에 감기가 걸렸어요』 『열세 살에 마음 부자가 된 키라』 『다리를 잃은 걸 기념합니다』 『교과서 밖 기묘한 수학이야기』 『엄마, 나는 자라고 있어요』 등 많은 책을 우리말로 옮겼습니다.

Original Title : Eule, Fuchs und Fledermaus(Tiere der Nacht) by Thomas Müller
© 2016, Gerstenberg Verlag, Hildesheim Germany
All rights reserved.

Korean Translation Copyright © 2017 by Sallim Publishing Co., Ltd.
This Korean Language Edition is published by arrangement with Gerstenberg Verlag Gmbh through The Agency Sosa.

이 책의 한국어판 저작권은 에이전시 소사를 통한 Gerstenberg Verlag Gmbh사와의 독점 계약으로 '(주)살림출판사'가 소유합니다. 저작권법에 의하여 한국 내에서 보호를 받는 저작물이므로 무단 전재와 복제를 금합니다.

차례

날이 저물 무렵　4

시골 마을에 사는 동물　6

들이나 밭에 사는 동물　12

숲 가장자리에 사는 동물　18

숲에 사는 동물　26

물가에 사는 동물　34

정원에 사는 동물　40

도시에 사는 동물　46

날이 밝아 올 무렵　50

야행성 동물 관찰하기　52

찾아보기　54

날이 저물 무렵

동물들에게는 빛과 어둠이 골고루 필요하답니다. 동물들은 번갈아 찾아오는 밤과 낮의 리듬에 맞추어 살아가지요. 대부분의 동물은 밝은 낮에 활동을 하고, 밤에는 쉬거나 잠을 자요. 해가 저물고 어둑어둑해지기 시작하면 사람과 동물들은 하루 일과를 마치고 휴식에 들어가지요. 집이나 굴, 은신처로 가서 안전한 밤을 보낸답니다. 하지만 반대로 저녁에 비로소 활동을 시작하는 동물들도 있어요. 이런 동물을 '야행성 동물'이라고 해요.

자주 보기가 힘들다 보니 야행성 동물은 신비로운 동시에 약간 무섭게 느껴지기도 해요. 검은 그림자나 특이한 소리 같은 것으로 그들이 어딘가에 있다는 걸 느낄 수 있을 뿐이에요.

야행성 동물 중에는 흥미로운 동물이 많아요. 캄캄한 밤에도 잘 돌아다닐 수 있는 이 동물들은 날이 어두워져야 하루를 시작한답니다. 여느 동물들과 같은 곳에 살지만, 서로 다른 시간 속에 사는 셈이지요.
우리는 이 책에서 평소 캄캄한 밤에 돌아다니는 바람에 우리 눈에 잘 띄지 않았던 동물들을 만나 보려고 해요.

어머나, 방금 지빠귀가 마지막 노래를 끝내고 날갯짓을 몇 번 하더니, 빽빽한 나무 사이로 감쪽같이 사라져 버렸네요. 제비들도 다들 잠자리로 돌아갔어요.
자, 이제 아주 신기한 동물들이 어둠 속에서 어슬렁어슬렁 나타나기 시작할 시간이에요.

시골 마을에 사는 동물

박쥐

박쥐는 만화 영화에 나오는 요괴처럼 생겼어요. 따뜻한 여름밤이면 이리저리 날아다니며 곤충들을 사냥해요. 눈으로 따라가기 힘들 정도로 빠르게 날아다니지요. 박쥐는 종류가 많은데, 몇몇은 사람들이 사는 마을 근처에 살아요.

열대 지방에 사는 친척인 과일박쥐를 제외하고, 보통 박쥐들은 눈으로 주변을 살피지 않아요. 대신 초음파를 보내고 반사되어 돌아오는 초음파를 감지함으로써 주변을 인식하지요.

양박쥐

작은멧박쥐

생쥐귀박쥐

토끼박쥐　　　　　　　관박쥐　　　　　　　생쥐귀박쥐

박쥐는 나방을 사냥할 때도 사람 귀에는 들리지 않는 초음파를 보낸답니다. 초음파가 곤충에게 부딪히면 곤충한테서 초음파가 반사되고, 박쥐는 이걸 듣고 나방이 어디 있는지 파악하는 거예요. 나방의 위치뿐 아니라 나방이 어느 방향으로 얼마나 빠르게 날아가고 있는지도 초음파를 통해 알아낼 수 있답니다. 박쥐가 날아다닐 때 장애물에 부딪히지 않는 것도 다 이런 식으로 초음파를 보내고 반사음을 듣기 때문이에요. 어떤 박쥐들은 코에 신기하게 생긴 기관이 달려 있어서 이것으로 초음파를 보내고 받는답니다. 특히 관박쥐는 코의 '비엽'이라는 주름지고 부드러운 조직으로 초음파를 보내요.

박쥐들은 낮 동안엔 나무 구멍이나 지하실, 지붕 밑 같은 은신처에서 쉬어요. 박쥐들이 쉴 곳이 점점 줄어들고 있기 때문에 사람들이 상자 모양의 박쥐 집을 만들어 도와주기도 한답니다. 때로는 작은 포유동물이 이 집에서 겨울을 나기도 하지요.

밝은 곳에서

어두운 곳에서

집고양이

고양이가 꼭 밤에만 활동하는 건 아니에요. 하지만 특히 밤에 활발히 활동한답니다. 날이 어둑해지면 고양이들은 아주 쌩쌩해지거든요. 하품을 하고, 기지개를 켜고는 슬쩍 어둠 속으로 사라지지요. 짝짓기를 하는 봄과 여름에는 고양이들의 '밤 음악회'가 열려요. '이야아아아옹' 하며 아주 사무치는 소리로 우는 수고양이의 울음소리는 조금 으스스할 수 있어요.

고양이들이 밤에 가장 즐기는 활동은 바로 쥐 사냥이랍니다! 고양이들은 귀가 밝을 뿐 아니라, 밤에도 잘 볼 수 있어요. 고양이 눈의 동공은 날이 캄캄해지면 아주 커져서 어둠 속에서도 물체를 잘 분간할 수 있지요. 게다가 뛰어난 감각 기관인 기다란 수염으로 주변 상황도 잘 감지하고요. 고양이의 발바닥은 볼록하고 부드러운 살덩어리로 되어 있어서 쥐에게 소리 없이 다가갈 수 있답니다. 그 발로 폴짝 뛰어서는 뾰족한 발톱을 내밀어 쥐를 움켜쥐지요.

생쥐

생쥐도 고양이처럼 깨어 있는 시간과 자는 시간대가 뚜렷이 나뉘어 있지는 않고, 조용한 밤에 특히나 활발하게 활동한답니다. 밤에 냄새와 소리를 통해 먹이를 찾아 나서지요. 도망갈 구멍과 먹을 것이 있으면, 집이나 마당 곳곳을 뒤지고 다닌답니다. 생쥐는 움직임이 아주 빨라요. 쏜살같이 나무나 벽을 타고, 뜀뛰기도 잘하고, 수영도 할 수 있지요.

생쥐들이 가장 좋아하는 장소는 먹을 것으로 가득 찬 방이에요. 보금자리는 집이나 창고의 움푹 들어간 공간, 바닥과 바닥 사이의 틈처럼 눈에 띄지 않는 곳에 만들지요. 종이나 오래된 신문 같은 것을 갈기갈기 잘라서 둥지를 만든답니다.

생쥐는 번식력이 매우 뛰어나서 일 년에 여덟 번까지도 새끼를 낳아요. 고양이가 잡아먹는 것만으로는 불어나는 쥐들을 막을 수 없어서 사람들은 쥐덫을 놓기도 한답니다.

원숭이올빼미

원숭이올빼미는 마을이나 농가 주변에서 살아요. 옮겨 다니지 않고 한 지역에 머물러 살지요. 그리고 높은 교회 탑이나 헛간에서 네 개에서 여섯 개의 알을 낳아요. 한창때는 알을 열세 개까지도 품을 수 있답니다.
원숭이올빼미는 둥지를 만들지 않아요. 소화되지 않아 게워 낸 덩어리 '펠릿'을 깔개 삼아 지붕 들보에서 알을 품지요.

시골 마을이었던 곳이 점점 도시로 변하면서 원숭이올빼미가 알을 품을 수 있는 장소도 점점 줄고 있어요. 알을 품기에 적합한 교회 탑도 많이 사라지고, 낡은 창고도 없어지고 있지요. 환경 변화로 인해 원숭이올빼미의 주된 먹이인 들쥐도 많이 줄어들었답니다.

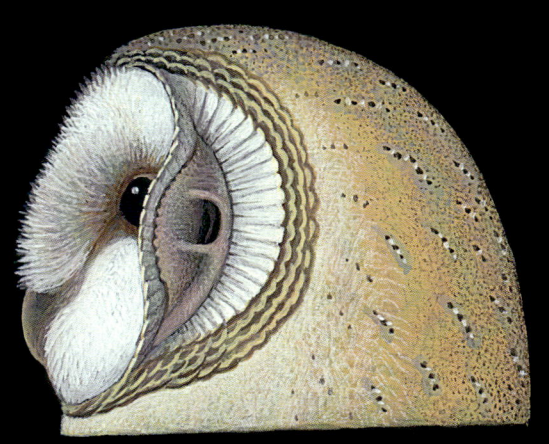

원숭이올빼미는 큰 눈으로 밤에도 주변을 잘 분간할 수 있어요. 특히 귀가 굉장히 밝아서, 캄캄한 곳에서 미세한 소리만으로도 쥐가 있는 걸 알아채고 사냥한답니다. 올빼미의 귓구멍은 얼굴을 접시처럼 두르고 있는 '안반'이라는 깃털들 뒤에 숨어 있어요. 안반이 마치 확성기처럼 작은 소리를 잡아서 크게 키워 주는 역할을 한답니다.

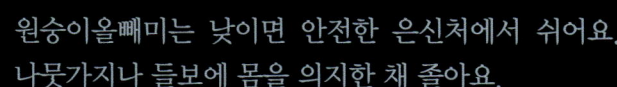

올빼미는 발가락을 자유자재로 움직일 수 있어요. 발가락을 집게처럼 사용해서 먹잇감 같은 것을 꽉 움켜쥔답니다.

원숭이올빼미는 낮이면 안전한 은신처에서 쉬어요. 나뭇가지나 들보에 몸을 의지한 채 졸아요.

원숭이올빼미는 날씬하고 우아해요. 깃털이 부드러워 거의 소리 없이 날아다니지요. 다른 올빼미들처럼 원숭이올빼미도 먹이를 통째로 삼켜요. 그러고 나서 깃털, 뼈처럼 소화되지 않은 부분들은 덩어리 상태로 다시 뱉어 내지요.

들이나 밭에 사는 동물

멧돼지

멧돼지는 못 먹는 것이 거의 없을 정도예요. 너도밤나무 열매, 떡갈나무 열매를 비롯한 숲의 각종 열매와 버섯 외에도 딱정벌레 애벌레, 다양한 곤충, 쥐 등 작은 동물을 먹어 치우지요. 깜깜해지면 숲을 떠나 주변의 밭이나 들로 먹이를 찾으러 간답니다. 옥수수밭을 특히 좋아하지요.

멧돼지들은 작은 무리를 지어 다니는 경우가 많아요. 멧돼지들이 나타나면 피하는 것이 좋습니다. 특히나 태어난 지 3년 된 암컷들은 굉장히 공격적이에요. 많게는 약 열 마리까지 새끼를 거느리고 다니는데, 위험한 상황이 되면 목숨을 걸고 새끼들을 지켜 냅니다.

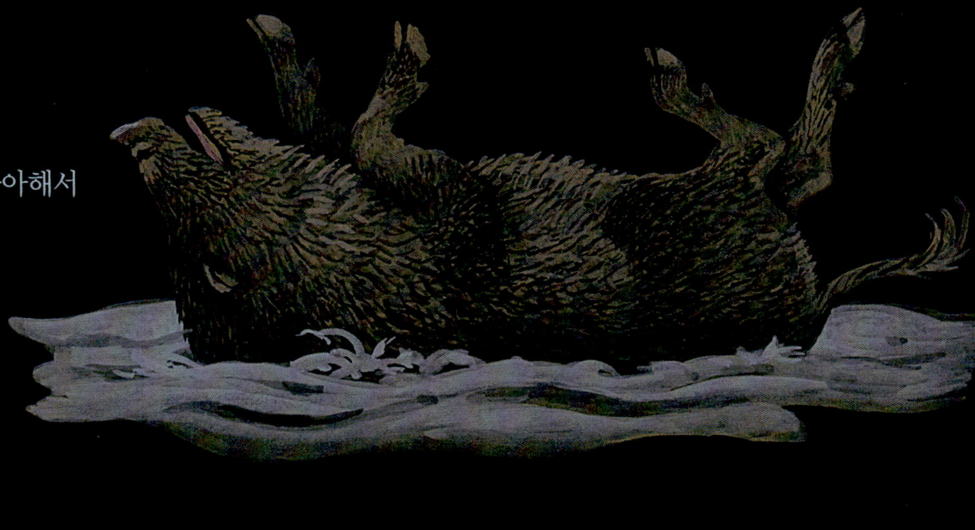

멧돼지들은 질퍽질퍽한 땅에서 뒹구는 걸 좋아해서 늘 이런 진창을 찾아다니곤 한답니다.

노루

날이 어두워지면 노루도 숲을 떠나 들이나 밭으로 먹이를 찾으러 가요. 노루는 어두운 곳에서도 주변을 잘 볼 수 있지만, 보통은 냄새를 통해 먹잇감을 찾아낸답니다.
암노루는 새끼를 한두 마리씩 낳습니다. 생후 몇 주 되지 않은 새끼 노루들은 어미가 사냥을 나가면 덤불 속에 숨어서 엄마를 기다려요.
뿔은 수컷에게만 달려 있는데, 매년 가을이면 뿔이 떨어지고 겨울 동안 다시 돋아나지요.
노루가 사는 지역에서 눈 덮인 곳이나 젖은 땅을 잘 살피면 노루 특유의 날씬한 발자국을 볼 수 있어요.

메추라기뜸부기

희귀 동물인 메추라기뜸부기는 풀숲에 숨어 살아서 구경하기가 쉽지 않아요. 메추라기뜸부기는 풀 한 줄기도 흔들리지 않게 풀 사이로 민첩하게 미끄러져 들어갈 수 있답니다. 다른 새들과 달리 척추뼈가 서로 맞물려 있지 않아, 척추를 마음대로 움직일 수 있기 때문이지요.

메추라기뜸부기는 '들딸랑이'라고도 불려요. 밤에 딸랑이와 비슷한 소리로 '뜸, 뜸, 뜸' 하면서 계속 울어 대서이지요.

메추라기뜸부기는 먼 거리를 여행하는 철새예요. 늦여름에 번식지를 떠나 겨울 무렵에는 아프리카 북부에 머물러요. 메추라기와 비슷한 시기에 이동해서 '메추라기뜸부기'라는 이름이 붙었어요. 하지만 메추라기보다 다리가 길고 몸집도 커요.

메추라기뜸부기는 딱정벌레, 메뚜기, 귀뚜라미, 지네, 노래기, 땅강아지 등을 먹고 살아요.

흰담비족제비

북방족제비라고도 불리며, 몸집은 작지만 다른 동물들을 잡아먹고 사는 육식 동물이랍니다. 흰담비족제비는 날이 어두워지면 쥐 사냥에 나서는데, 쥐들이 쥐구멍으로 쏙 들어가 버릴 때까지 쫓아가요. 매우 빠른 몸짓으로 물결 모양을 그리며 앞으로 나아가지요. 멀리까지 한눈에 보기 위해 일어서서 높이 뛰어오를 수도 있어요.
흰담비족제비는 날씨가 추워지면 하얀 겨울털로 갈아입고, 꼬리 끝만 까만색으로 남는답니다.

햄스터 집

유럽햄스터

유럽햄스터는 밤마다 밭에서 곡식을 모아 겨울철 먹이를 준비해요. 곡식 줄기에서 곡식 알갱이들을 훑어 내 커다란 볼주머니에 꽉 채운 다음, 땅속 집까지 와서 식량 창고에 쏟아 내지요. 햄스터 집에는 방이 여러 개 있어서 식량을 15킬로그램까지 저장할 수 있답니다.
유럽햄스터 수는 나날이 줄어들고 있어요. 밭에 쟁기질을 할 때 햄스터의 땅굴 집이 파괴되는 일이 많고, 요즘에는 추수가 끝난 밭에 햄스터가 먹을 곡식이 거의 남아 있지 않기 때문이죠.
햄스터는 위험을 느끼면 뒷다리로 서서 주먹질을 하고 적에게 덤벼들기도 합니다.

들쥐

밤낮을 가리지 않고 활동하는 들쥐는 포유동물 중 가장 수가 많고, 또 짧은 시간에 엄청난 속도로 불어날 수 있어요. 들쥐가 많아지면 이들을 잡아먹고 사는 올빼미, 수릿과나 맷과 새처럼 성질이 사납고 육식을 하는 맹금, 여우, 족제비 등의 수도 늘어나지요. 먹이를 찾기 쉬우니까요. 그리고 들쥐가 적어지면 이런 천적의 수도 줄어든답니다.
풀밭을 잘 살펴보면 들쥐들의 땅굴 집으로 통하는 길을 찾을 수 있어요.

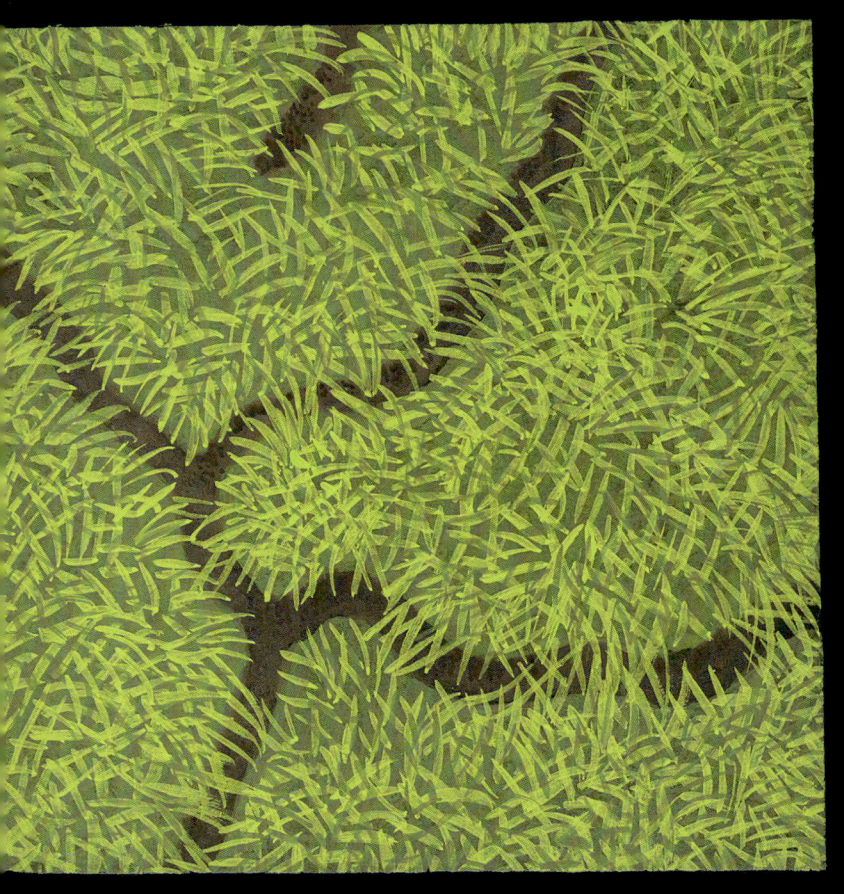

금눈쇠올빼미

몸집이 작고 개구쟁이 요정같이 생긴 올빼미랍니다. 마을 변두리, 과수원, 풀밭, 개천 같은 곳에 살아요. 낮에도 활동하지만 깜깜해지면 특히나 또랑또랑해지지요. 보통은 높은 나뭇가지나 횃대에 앉아서 먹잇감을 찾고, 때로는 땅으로 내려가서 먹이를 찾아다니기도 한답니다. 주로 쥐, 작은 새, 곤충, 지렁이를 사냥하고 달팽이도 마다하지 않아요.

금눈쇠올빼미는 오래된 나무 굴을 집으로 삼는데, 요즘에는 자연에서 나무 굴이 점점 줄어들다 보니 사람들이 만들어 준 둥지 상자에서 사는 경우가 늘고 있답니다.

어린 금눈쇠올빼미들은 날 수 있기 전에는 둥지가 있는 나무에서 이리저리 기어 다니며 주변을 탐색해요.

금눈쇠올빼미

숲 가장자리에 사는 동물

쏙독새

쏙독새 역시 좀처럼 구경하기가 힘들어서 아주 신비롭게 느껴지는 동물이랍니다. 이따금 어둠 속에서 '쏙쏙쏙' 하는 쏙독새의 울음소리나 날카로운 외침, 날개를 퍼덕거리는 소리로 쏙독새가 있다는 걸 짐작할 수 있을 뿐이죠. 모습은 보이지 않고 소리만 나는 게, 어떤 때는 으스스한 느낌이 들어요.

쏙독새는 나뭇가지 같은 색깔에 비단처럼 부드러운 깃털을 가지고 있어서 올빼미만큼이나 소리 없이 날아다닐 수 있어요. 쏙독새는 '밤매'라고도 불리는데, 어둠 속을 날아다니며 곤충을 사냥하지요. 주로 나방, 딱정벌레, 모기를 잡아먹는답니다.

쏙독새의 수수께끼 같은 생활 방식은 옛날 사람들에게 이런저런 상상을 불러일으켰어요. 쏙독새의 독일어 이름은 '염소젖 먹는 새'라는 뜻이에요. 물론 쏙독새가 염소젖을 먹지는 않지요. 곤충이 많이 모이는 염소나 소 같은 가축들 근처에 살아서 그런 이름이 붙은 모양이에요.

낮이면 쏙독새는 나뭇가지에 몸을 길게 붙여 앉아서 쉰답니다. 깃털이 나뭇가지와 같은 색깔이라 언뜻 보면 구분이 가지 않아요. 이렇게 쉴 때는 눈도 거의 감고, 아주 가늘게만 뜨고 있지요.

쏙독새의 부리는 아주 넓은데, 뻣뻣한 털로 둘러싸여 있어요. 곤충을 사냥할 때 이 털들이 곤충 채집 망 같은 역할을 한답니다.

가운뎃발가락의 발톱 부분은 길쭉하게 생긴 데다 안쪽은 빗살 모양이에요. 먹이를 먹고 난 뒤, 이 발가락 '칫솔'을 사용해 부리 주변의 뻣뻣한 털을 깨끗이 칫솔질한답니다.

숲쥐

꼬리가 길고 부지런하며, 수줍음을 별로 타지 않아요. 씨앗, 열매, 풀, 잎사귀, 곤충을 열심히 찾아다니고, 그 자리에서 먹지 않을 때는 집으로 가져가서 저장해 놓는답니다. 눈이 큰 데다 캄캄한 데서도 앞을 잘 볼 수 있어요. 기다란 수염으로는 주변을 탐색하고 방향을 잡지요. 게다가 나무 타기 선수랍니다!

유럽겨울잠쥐

겨울잠쥐 중에서 가장 몸집이 작아요. 나무를 아주 잘 타고, 빽빽한 덤불 속에 동그란 공 모양으로 집을 짓지요. 덤불 속에서 열매, 꽃봉오리, 곤충 등의 먹이도 찾아다닌답니다. 겨울에는 낙엽 속에 파묻힌 채 겨울잠을 자요.

여우는 쥐를 발견하면 살금살금 다가간 다음
껑충 뛰어올라 쥐를 정확히 덮친답니다.

여우 발자국은
개 발자국과 비슷합니다.

여우

여우는 낮에는 대부분 굴속에서 쉬다가, 날이 어두워지면 슬슬 먹이 사냥에 나섭니다. 사냥을 나가면 먼 거리도 마다하지 않지요. 과일, 곤충, 지렁이, 새, 작은 포유동물 등 여우의 식단은 아주 다양해요. 때로는 땅에 있는 새 둥지를 털기도 하고, 물고기를 잡아 먹기도 하지요. 하지만 가장 좋아하는 먹이는 쥐랍니다.
여우는 땅굴 속에 살면서 새끼들을 낳습니다. 땅굴 집은 스스로 파서 만들기도 하고 오소리가 파 놓은 걸 넘겨받기도 하지요. 여우와 오소리는 서로 안전한 거리를 두고 넓은 땅굴 속에서 함께 살며 새끼들을 키운답니다.

사슴

중부 유럽에서 사는 야생 동물 중 가장 크고 근사하게 생긴 동물이 바로 사슴일 거예요. 수사슴은 멋진 뿔 때문에 사냥꾼이 호시탐탐 노리는 표적이 되어 왔지요.

사슴들이 짝짓는 가을이 되면, 초저녁이나 캄캄한 밤에 수사슴들이 으르렁거리는 소리가 멀리까지 울려 퍼져요. 힘센 어른 수사슴들이 짝짓기 장소를 놓고 한바탕 싸움을 벌이는 소리지요. 하지만 힘겨루기에 가까워서 심각한 부상을 입는 일은 드물어요. 둘 중 힘이 약한 쪽이 줄행랑을 치면 더 힘센 사슴에게 번식 기회가 넘어가지요.
사슴뿔은 매해 새롭게 자라납니다. 오래된 뿔은 2월에 떨어지고, 곧장 다시 돋아나요.

사슴 발자국은 아주 커요.

숲을 관리하는 사람들은 요즘도 자기네 숲에 사슴이 사는 걸 무척 자랑스러워 한답니다. 하지만 아파트를 짓고, 도로를 내고 하다 보니 사슴들이 살 수 있는 곳은 점점 줄어들고 있어요. 얼마 남지 않은 숲 지대로 내몰리고 있지요. 사슴들은 먹이가 부족한 나머지 나무껍질을 갉아 먹어서 숲을 망가뜨리기도 해요.

사슴들은 캄캄한 밤에 숲을 떠나 들이나 밭, 공터로 먹이를 찾으러 가요. 짝짓기를 하는 계절 외에는 새끼 사슴과 암사슴이 무리를 지어 살지요. 최대 스무 마리 정도가 같이 산답니다. 수사슴도 자기들끼리 무리를 지어 살고요.

늑대

개의 조상인 늑대를 모르는 사람은 아마 없을 거예요. 동화 속에 자주 등장하기 때문이죠. 하지만 자연 속에서 늑대를 본 사람은 거의 없을 겁니다. 늑대가 양 같은 가축들을 잡아먹기 때문에 늑대 사냥을 했는데, 그러다 보니 이제 거의 멸종 위기에 처해 있거든요. 요즘 들어 늑대 되살리기 운동이 펼쳐지고 있어요. 동화 속에는 늑대가 굉장히 무서운 동물로 나오지만, 원래 늑대는 수줍음을 많이 타서 되도록 사람들을 피해 다녀요. 늑대 되살리기 운동 덕분에 이제 많은 지역에서 이 매력적인 동물이 조금씩 늘어나고 있다니 다행이에요.

길게 이어지는 늑대 울음소리를 들으면 으스스한 기분이 들 수 있어요. 늑대들은 밤에 먼 곳까지 돌아다닐 때 이런 울음소리로 서로 연락한답니다. 늑대는 똑똑한 사회적 동물로, 무리를 지어 질서 있게 살아가요. 힘센 수컷 늑대나 지위가 높은 늑대가 무리를 이끌지요. 늑대들은 사슴같이 발굽이 있는 동물을 무리지어 쫓기도 해요. 늑대 혼자라면 이렇게 덩치가 큰 동물을 잡을 수 없을 거예요.

암컷 늑대와 수컷 늑대는 한 번 가족을 이루면 평생을 같이 사는 경우가 많답니다. 숲이나 은밀한 동굴 속에서 새끼를 낳고, 함께 새끼들을 키우지요. 엄마 늑대와 아빠 늑대는 새끼 늑대들을 사랑으로 돌보고, 태어난 지 두세 달이 지나면 사냥에 데리고 나가요.

숲에 사는 동물

들고양이

살쾡이라고도 해요. 크고 빽빽한 숲에서 살아요. 집고양이보다 몸집이 더 크지요. 들고양이는 자주 보기가 힘들어요. 20세기 중반에 수가 많이 줄어든 뒤, 이제야 되살리기 운동이 시작되었거든요. 커다란 숲에서는 들고양이의 수가 조금씩 늘고 있다고 합니다.
들고양이는 바위가 많은 떡갈나무 숲과 너도밤나무 숲을 좋아해요. 주로 작은 포유동물을 잡아먹고, 드물게는 새 사냥도 하지요. 캄캄한 밤이면 먹이를 찾으러 나간답니다.

들고양이 발자국

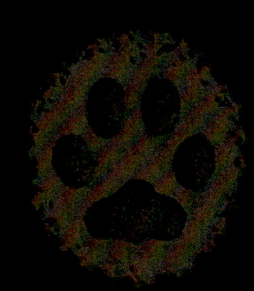

집고양이 발자국

소나무담비

캄캄한 밤, 숲에서 민첩하게 나무를 타고 다녀요. 새 둥지를 털기도 하고, 재빠르게 다람쥐를 따라가기도 하지요. 닭만 한 몸집의 새도 능숙하게 사냥한답니다. 곤충이나 지렁이도 마다하지 않고요.
소나무담비는 오래된 나무의 구멍 속에 살거나, 매와 독수리 같은 맹금 또는 까마귀, 아니면 다람쥐들이 살다가 떠나 버린 둥지에서 살아요. 낮에는 이곳에서 졸며 시간을 보내지요.
소나무담비의 발자국은 눈에 쉽게 띄지 않아요. 바위담비와는 달리 발바닥에 털이 나 있기 때문이지요.

오소리

오소리도 캄캄한 밤, 숲과 들을 돌아다니며 먹이를 찾는답니다. 특히 냄새로 잘 찾아요. 작은 새, 쥐, 개구리, 뱀, 달팽이, 곤충, 지렁이, 견과, 과일, 곡식……. 코를 킁킁거리며 먹잇감을 찾아내요.
오소리는 땅을 파서 땅굴 집을 만드는 데도 선수예요. 집을 아주 넓게 만들기도 해요. 강한 발과 발톱 덕에 딱딱한 땅도 잘 파낼 수 있거든요. 낮에는 땅굴 집에서 쿨쿨 잔답니다.

칡부엉이

캄캄한 밤, 칡부엉이들이 '부엉부엉' 하고 우는 소리를 들은 적 있나요? 칡부엉이는 올빼밋과에 속하는 동물 중 그나마 가장 흔한 새예요. 밤이면 쥐 사냥을 나간답니다. 흥분하면 귀깃을 쫑긋 세우지요. 칡부엉이는 까마귀나 까치가 쓰다 버린 둥지에서 알을 품어요.

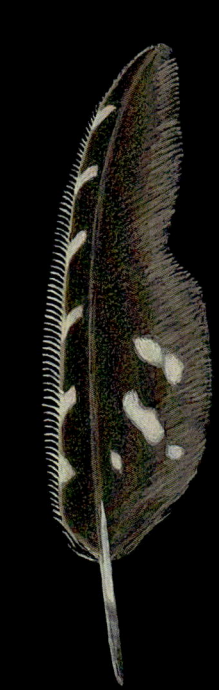

올빼미

밤에 숲에서 '우우' 하고 수컷 올빼미가 울면 좀 으스스한 기분이 들기도 해요. 반면 암컷 올빼미의 '꽈악' 하는 울음소리는 덜 무서울 거예요.
올빼미는 캄캄한 밤에 먹이 사냥을 나가고, 낮에는 나무 구멍이나 나무 근처에 숨어서 쉬어요. 올빼밋과에 속한 다른 새들과 마찬가지로, 부드러운 깃털 덕분에 소리를 거의 내지 않고 날아다닐 수 있어요. 날개깃의 앞쪽 가장자리가 빗살처럼 생긴 섬세한 깃털로 둘러 있어서 소리 없이 공기를 가를 수 있는 거예요.

수리부엉이는 먹이를 먹고 나서 소화하지 못한 깃털, 뼈 따위가 뭉쳐진 덩어리를 토해 내요. 이것을 '펠릿'이라고 불러요.

수리부엉이

몸길이가 거의 70센티미터로, 소나무담비와 매도 사냥할 수 있어요. 올빼밋과 중 가장 몸집이 큰 수리부엉이는 거의 멸종할 뻔한 동물이랍니다. 되살리기 운동으로 이 인상적인 모습의 수리부엉이가 차츰 늘고 있다고 하니 다행이에요. 하지만 예나 지금이나 그 수가 많지는 않답니다. 운이 좋으면 밤에 수리부엉이의 '부엉부엉' 하는 울음소리를 들을 수 있어요.

수리부엉이의 눈은 앞으로 툭 튀어나와 있는데 캄캄한 밤에도 앞을 잘 볼 수 있어요. 눈과 각막이 아주 크고, 빛에 아주 민감하기 때문이지요. 주변을 살필 때는 고개를 270도까지 획 돌릴 수 있답니다.

스라소니

다리가 길고 멋진 고양잇과 동물이에요. 19세기에 늑대나 곰처럼 거의 멸종할 뻔했어요. 최근에야 되살리려는 노력이 이루어지고 있지요. 스라소니는 덤불과 바위가 많은 숲에 살아요. 스라소니 한 마리가 살아가려면 자그마치 150제곱킬로미터 정도 되는 커다란 숲이 필요하지요. 외따로 생활하는 스라소니는 밤에 이렇게 드넓은 구역을 누빈답니다.
스라소니는 눈이 밝아요. 하지만 귀는 더 밝지요. 볼에 넓게 난 수염이 일종의 '깔때기' 역할을 해서 소리가 더 잘 들리게 해 줘요. 올빼미 얼굴의 안반처럼 말이에요.

스라소니는 작은 땃쥐부터 새끼 사슴까지 잡을 수 있는 동물은 가리지 않고 사냥합니다. 가장 좋아하는 먹잇감은 노루예요. 주로 새끼 노루나 늙고 병든 노루를 사냥하지요. 노루 한 마리면 약 일주일 동안 먹으면서 버틸 수 있어요. 배고파질 때마다 사냥해 놓은 먹이가 있는 곳으로 되돌아가 배를 채운답니다.

스라소니는 평소에 혼자 살다가 짝짓기를 할 때만 암컷과 수컷이 만나요. 암컷 스라소니는 빽빽한 숲속이나 바위틈, 아니면 굴에 숨어서 두 마리에서 네 마리 정도의 새끼를 낳고, 5개월 동안 젖을 먹이지요. 어린 스라소니들은 작은 고양이처럼 뛰어놀아요. 태어나 1년 정도는 어미 곁에 머무르지요.

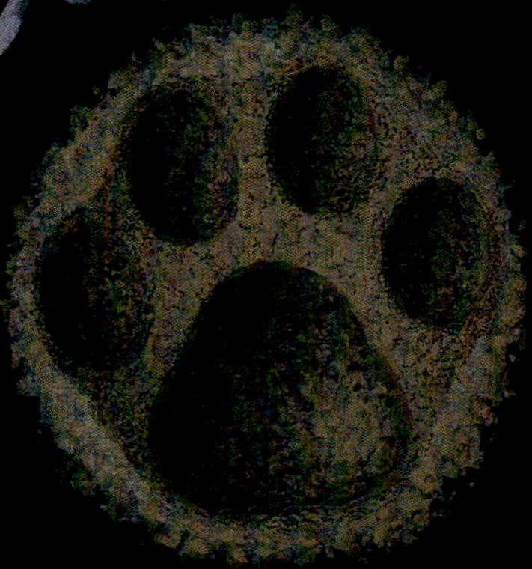

스라소니의 발자국은 고양이 발자국과 닮았지만 두 배는 더 커요.

따뜻한 계절이 찾아오면 캄캄한 밤, 숲속 땅은 온갖 생물로 가득합니다. 축축한 숲을 좋아하는 두꺼비와 도롱뇽도 캄캄한 밤에 달팽이, 지렁이 같은 연체동물이나 곤충 사냥에 나선답니다. 그러다가 자칫 포유동물이나 올빼밋과 새들의 먹잇감이 되기도 하지요.

검은민달팽이

붉은민달팽이

큰민달팽이

스페인민달팽이

스페인민달팽이는 그 수가 폭발적으로 불어나서, 유럽 전 지역에 퍼져 다른 달팽이들을 몰아내고 있어요.

불도롱뇽

불도롱뇽은 몸을 숨기고 있다가 한바탕 비가 내린 낮이나 어두운 밤에 나온답니다. 몸에 있는 노란 얼룩무늬는 적들에게 보내는 '나는 맛이 없어'라는 신호예요. 게다가 적의 식욕을 떨어뜨리는 액체도 분비하지요. 이 액체가 사람 피부에 닿으면 자극성 피부염을 일으킬 수 있어요.

두꺼비

청개구리

청개구리는 다른 양서류와 달리 키 큰 나무도 잘 올라다녀요. 발가락 끝에 끈적끈적한 빨판이 있어서 미끄러지지 않고 잽싸게 올라갈 수 있지요.

녹색두꺼비

물가에 사는 동물

비버

비버는 물가에서 살아요. 숲과 연결된 하천이나 늪지대를 가장 좋아하지요. 비버는 집 짓기 선수랍니다. 캄캄한 밤에 부지런히 일해 커다란 집을 지어요. 댐을 쌓은 다음, 물속에서 곧장 집으로 들어갈 수 있도록 물 높이를 조절한답니다. 수영도 잘하고, 잠수도 20분이나 할 수 있어요.
비버는 가족을 이루어 살아요. 엄마 비버와 아빠 비버는 평생 함께 살면서 매년 두 마리에서 네 마리 정도의 새끼를 낳지요. 새끼들은 보통 2년 동안 엄마 아빠 곁에 머물러요.

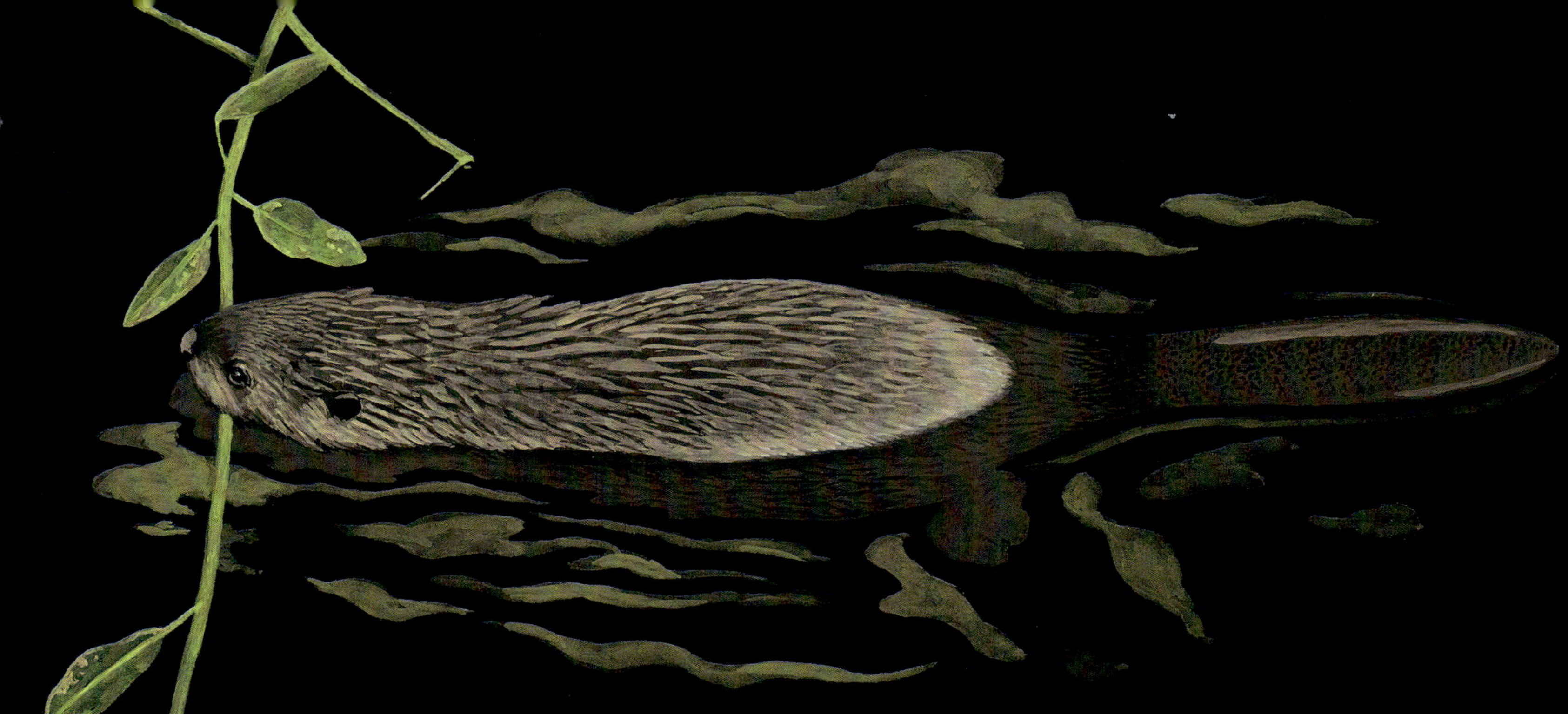

비버는 댐을 만들기 위해 튼튼한 앞니로 나무를 갉아서 재료를 마련해요. 며칠 밤이면 커다란 나무 한 그루도 쓰러뜨릴 수 있지요. 이렇게 나무들을 갉아 망가뜨려 놓는 데다, 털가죽이 탐스럽다는 이유로 사람들의 사냥감이 되곤 했어요.

비버는 주로 나뭇잎, 나뭇가지, 나무껍질 같은 식물성 먹이를 먹고 살아요. 위험을 느끼거나 불안해지면 잠수하면서 납작한 꼬리로 물을 쳐요. 다른 비버들에게 위험을 알리는 거지요.

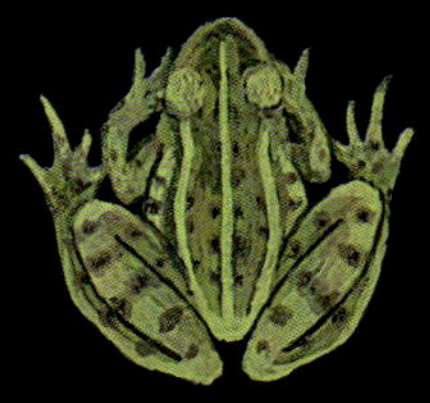

긴털족제비

긴털족제비의 얼굴은 아주 개성 있어요. 긴털족제비는 외따로 살아가는 동물로, 헤엄을 잘 친답니다. 주로 쥐, 개구리, 뱀, 곤충, 알, 새를 먹고, 간혹 지렁이도 잡아먹지요. 긴털족제비는 꼬리 아랫부분에 있는 샘에서 고약한 냄새가 나는 액체를 내뿜는 걸로 악명 높아요. 위험을 느끼면 샘에 있던 액체를 몽땅 뿜어내서 적을 골탕 먹이지요.

사향쥐

원래 북아메리카 출신인 사향쥐는 오늘날 유럽과 아시아 동북부에서도 산답니다. 사향쥐는 움집 모양으로 집을 짓는데, 특이하게도 입구가 물 속에 있어요. 강둑이나 연못 둑이 집 짓기에 적합하지 않을 때도 있어요. 그런 경우에는 식물을 모아서 작은 집을 지어요. 사람들은 사향쥐가 땅을 마구 파 놓고 농작물에 피해를 입히는 데다, 번식력이 아주 강해서 사향쥐를 없애려고 애써요.

수달

몸집이 여우와 비슷한 수달은 헤엄도 잘 치고 잠수도 잘해요. 수달은 풀이나 나무가 있는 얕은 물가에서 살아요. 물가나 물속에 사는 많은 동물이 수달의 먹잇감이랍니다. 예전에 수달은 '물고기 도둑'으로 악명 높아서 사람들의 사냥감이 되었어요. 게다가 환경 파괴로 수달이 살기 적합한 장소도 점점 줄어들면서 흔히 보기 힘든 동물이 되었답니다.
수달은 오랜 시간 잠수할 수 있어요. 잠수할 때는 심장 박동이 느려져서 산소가 많이 필요하지 않아요. 그래서 힘을 아낄 수 있는 거예요. 입 주변에 난 수염에는 민감한 신경 세포가 있어, 어둠 속에서 탁월한 안테나 역할을 한답니다. 수달은 주변을 살피기 위해 곤추설 수도 있어요.

수달은 사냥해 온 먹이를 물가에서 먹어요. 작은 물고기들은 이빨로 물어서 가져오고, 커다란 물고기는 꼭 안고서 안전하게 땅으로 가져오지요.
수달의 발자국을 보면 발가락 사이에 물갈퀴가 있다는 걸 알 수 있어요.

알락해오라기

알락해오라기는 넓은 갈대숲에 숨어 사는 신비로운 새예요. 좀처럼 눈에 띄지 않아서, 어떻게 새끼를 낳고 기르는지 관찰하기 힘들답니다. 간혹 알락해오라기의 울음소리를 들을 수 있는데, 그 소리가 하도 인상적이라 한번 들으면 잊을 수 없을 거예요. 뱃고동 비슷한 소리가 멀리까지 울려 퍼져요. 그래서 알락해오라기에게 '늪지대의 황소'라는 별명이 붙었어요.

알락해오라기는 물고기, 개구리, 뱀, 커다란 곤충 들을 먹고 살아요. 겨울에 호수가 얼어붙으면 얼지 않은 물을 찾아 남쪽으로 떠난답니다.

알락해오라기가 나는 모습을 볼 기회는 흔치 않아요. 운 좋게 관찰한다면 목을 S자로 바짝 당기고, 발을 뒤로 한껏 뻗은 채 날아가는 걸 볼 수 있을 거예요.

알락해오라기는 몸집이 닭과 비슷하고 왜가리과에 속해요. 깃털은 밝은 갈색 바탕에 어두운 색깔의 무늬가 있어서, 갈대 사이에 있으면 알아보기가 힘들어요. 몸을 떨어 흔들리는 갈대의 움직임까지 흉내 내지요. 깃털이 성기게 나 있어서 아주 다양한 자세를 취할 수 있어요. 몸을 숙이면 납작해 보이고, 위험을 느껴서 기둥처럼 벌떡 일어나면 날씬하고 우아해 보이지요.

정원에 사는 동물

나이팅게일

따뜻한 여름밤이면 나이팅게일의 노랫소리를 들을 수 있어요. 친숙하면서도 귀에 쏙쏙 들어오는 이 노랫소리는 고요한 밤이면 더 크게 느껴진답니다. 나이팅게일의 노래가 사람들의 마음을 자극해, 아름다운 시와 노래가 많이 태어났어요.
나이팅게일은 빽빽한 관목 숲을 좋아해요. 눈에 잘 띄지 않는 나뭇가지 위에 둥지를 짓고 살아요.

다람쥐꼬리겨울잠쥐

무리 지어 살기를 좋아하는 다람쥐꼬리겨울잠쥐는 겨울잠쥐 중에 몸집이 가장 커요. 과일나무를 타고 다니길 좋아하고, 과일나무에서 열매, 꽃, 씨 등을 먹고 살아요. 낮에는 나무 구멍이나 사람들이 만들어 준 둥지 상자에서 잠을 잔답니다.

고슴도치

고슴도치는 캄캄한 밤이면 먹을 것을 찾아 나서요. 꽤 요란한 소리를 내면서 돌아다니지요. 코를 킁킁대며 냄새를 맡아 달팽이, 곤충, 나무 열매 등을 찾아낸답니다. 위험을 느끼면 몸을 또르르 말아 가시 공으로 변신해요.

저지타이거나방

주홍박각시

눈박각시

큰노랑뒷날개나방

나방

인동덩굴처럼 꽃이 피는 식물들은 저녁과 밤에 아주 진한 향기를 풍깁니다. 이 향기가 많은 나방을 유혹하지요.

쇠족제비

쇠족제비는 육식 동물 중 몸집이 가장 작은 동물이랍니다. 쥐처럼 몸이 가볍고 재빠르지요. 헛간, 장작더미, 돌무더기처럼 복잡하고 숨을 데가 많은 곳을 좋아해요. 쇠족제비 역시 냄새로 먹이를 찾아요. 들쥐를 쫓아 굴속까지 따라갈 정도로 아주 끈기 있지요.
쇠족제비는 몸 옆선이 물결 모양이에요. 이 모양으로 몸집이 더 큰 흰담비족제비와 쇠족제비를 금방 구별할 수 있지요.

반딧불이가 날아다니는 한밤의 숲은
마치 동화 속 한 장면 같아요.

반딧불이

반딧불이는 딱정벌레의 일종입니다. 암컷은 날지 못하는데, 풀에 앉아 있는 걸 보면 꼭 기어 다니는 벌레처럼 보여서 독일에서는 반딧불이를 '빛나는 벌레'라고 부르기도 해요. 날지 못하는 암컷, 날 수 있는 수컷 모두 반짝반짝 빛을 내요. 이 빛은 반딧불이의 꽁무니에서 여러 물질이 반응해서 생겨난답니다. 이 현상을 '생물 발광'이라고 하지요. 반딧불이는 빛을 신호로 이용해 자기 짝을 찾아요.

반딧불이에는 여러 종류가 있는데 종류마다 빛의 신호가 달라서, 이를 보고 각각 자신에게 맞는 짝을 찾아가지요.

암컷 반딧불이    수컷 반딧불이

해골박각시는 예로부터 신비롭게 여겨져서 이 나방을 둘러싼 이야기와 전설이 많아요. 몸 윗부분에 해골을 닮은 무늬가 있어서일 거예요. '해골박각시'라는 이름도 해골 무늬 때문에 생겨났지요. 하지만 이것 말고도 특별한 점이 많답니다.

해골박각시는 몸집이 아주 크고, 위험한 상황이 되면 크게 소리를 지르기도 해요. 매년 고향인 아프리카를 떠나 중부 유럽으로 이동해 와 알을 낳아요. 알에서 나온 애벌레는 사리풀 같은 가짓과 식물이나 감자를 갉아 먹어요. 몸이 9센티미터 정도로 자라면 흙 속에 고치를 지어 번데기가 되지요. 여름이면 다 자란 나방이 고치를 뚫고 나와 아프리카로 길을 떠나요.

해골박각시의 생활에 대해서는 여전히 많은 부분이 수수께끼로 남아 있답니다.

해골박각시는 열대 아프리카를 출발한 뒤 북쪽의 알프스를 넘어 중부 유럽까지 넘어가요. 하지만 스칸디나비아 반도와 북극에서 발견되기도 한답니다.

때때로 감자밭이나 흙 속에서 해골박각시의 커다란 고치를 찾을 수 있어요.

애벌레

주둥이가 달린 머리

해골박각시는 식물의 즙이나 꿀을 먹어요. 벌집에 짧고 뾰족한 주둥이를 찔러 넣기 위해 벌통에 침입하곤 하지요. 무슨 이유에선지 파수꾼 벌들이 해골박각시를 공격하지 않는 때도 있지만, 벌들의 공격으로 죽는 경우가 많아요.

도시에 사는 동물

곰쥐

원래 동남아시아가 고향인 곰쥐는 오늘날 전 세계에 퍼져 살아요. 나무를 잘 타고 건물도 잘 올라 다니지요. 건물 높은 곳에 집을 만들기도 해요. 곰쥐가 쥐벼룩으로 병을 옮기기 때문에 사람들은 곰쥐를 없애려고 애써요. 그도 그럴 것이 중세에 많은 사람을 죽게 만들었던 끔찍한 전염병 '페스트'를 옮기는 데 곰쥐가 한몫했다고 여겨지거든요.

줄을 타고 기어오를 때면 꼬리를 다섯 번째 다리처럼 사용해요.

시궁쥐

'집쥐'라고도 해요. 몸집이 큰 시궁쥐가 여러 지역에서 곰쥐를 쫓아 버리고 자리를 차지했어요. 시궁쥐는 하수도나 지하실 같은 데서 산답니다. 헤엄을 잘 치지만 나무를 타거나 건물을 기어오르는 건 잘 못해요.
버려진 음식이나 썩은 고기를 먹고 살고, 커다란 무리를 이루어 함께 생활하지요. 무리 속에서는 서열이 분명해요.
시궁쥐 역시 질병을 옮길 수 있기 때문에 곰쥐와 마찬가지로 없애야 할 대상이 되고 있어요.

나방

암나방은 향기를 풍겨요. 향기로 저 멀리 있는 수나방도 유혹한답니다. 나방들은 전등이나 가로등 빛을 정말 좋아해서 불빛이 있는 곳으로 몰려들어요. 낮에는 눈에 잘 안 띄는 곳에서 쉬는데, 몸 색깔이 주변과 비슷해서 좀처럼 알아보기 힘들어요.

라쿤

'미국너구리'라고도 해요. 원래 아메리카가 고향인 라쿤은 지금은 서유럽 전 지역까지 퍼져 살고 있습니다. 오래전에 라쿤 몇 마리가 모피 동물 사육 농장에서 탈출해, 야생에서 살기 시작한 것이지요.
라쿤은 원래 여러 종류의 나무가 골고루 섞여 있는 숲에서 살아요. 하지만 적응 능력이 뛰어나서 사람들이 사는 마을 근처에서 사는 경우가 많아요. 요즘은 도시에서 쓰레기통을 뒤지거나 새알을 얻기 위해 나무에 올라가는 라쿤이 발견되기도 해요. 라쿤은 나무 구멍이나 헛간, 빈 집, 다락방에서 지낸답니다.

바위담비

바위담비는 몸집이 작은 야행성 육식 동물이에요. 숲에서만 사는 소나무담비와 달리, 사람들 가까이에서 사는 걸 좋아하지요. 바위담비인지 소나무담비인지는 목에 있는 무늬 색깔로 금방 구별할 수 있어요.

바위담비는 몸통이 길고 다리가 짧아서 높은 곳에 잘 올라가고, 몸놀림이 빨라 쥐들을 사냥해요. 새 둥지를 털기도 하고, 개구리와 지렁이도 먹지요.

지붕 밑 다락에 사는 경우가 많아서 소리로 '나 여기 있어요' 하고 티를 내기도 해요. 때로는 자동차로 들어가서 전선과 고무관을 물어뜯어 놓을 때도 있어요. 왜 이런 행동을 하는지는 알 수 없지만, 이 때문에 아침에 시동을 걸려다 골탕 먹는 운전자가 생기지요. 시동은 걸리지 않고, 대신에 엔진룸에서 담비가 튀어나오곤 한답니다.

바위담비

소나무담비

날이 밝아 올 무렵

이제 밤이 끝나 가고 있어요. 날이 밝아 와 어스름 속에서 다른 동물들이 깨어날 때면, 밤에 활동하던 동물들은 슬슬 집에 돌아갈 채비를 합니다.

여우는 굴속으로 쏙 들어가 버려요. 오소리는 편안하고 푹신한 땅굴 집에서 벌써 쉬고 있지요. 이른 아침에 산책 나온 사람들은 나뭇가지 위에 몸을 붙이고 가만히 쉬는 쏙독새를 나무로 착각할 거예요. 나무줄기에 딱 붙어서 낮을 보내는 푸른띠뒷날개나방도 마찬가지지요. 올빼미와 부엉이도 낮을 보낼 은신처로 들어간답니다. 그곳에서 잠들었다가, 누가 잠을 방해하기라도 하면 곧장 깨어나 다른 안전한 곳으로 떠나지요.

도롱뇽은 숲속 실개천 가장자리의 푹신한 이끼 속으로 사라져 버리고, 박쥐도 오래된 집으로 들어가요. 밤 소풍에 피곤해진 고양이는 헛간의 부드러운 짚 속에서 늘어져라 하품하며 편안히 쉰답니다.

드디어 해가 환하게 땅을 비추면, 야행성 동물들은 모두 사라지고 없어요. 굴이나 둥지, 은신처로 다 숨어 버렸지요.
가장 먼저 일어난 새들이 해 뜨기 전에 노래를 시작했고, 이제 점점 더 많은 새소리가 들린답니다. 사람들이 깨어나기 전에 이미 바깥에서는 새들의 성대한 음악회가 펼쳐지지요. 낮에 활동하는 동물과 사람들의 새로운 하루가 시작된 거예요!

야행성 동물 관찰하기

야행성 동물을 관찰하고 싶다고요?
그럼 집 밖으로 함께 나가 볼까요?

도시의 가로등 주변에는 많은 나방이 날아다녀요. 따뜻한 여름밤, 박쥐는 공원과 거리를 누비며 곤충 사냥을 한답니다. 여러분은 때로 박쥐의 울음소리도 들을 수 있어요. 공원에는 나이팅게일의 노랫소리가 울려 퍼지고, 여우, 라쿤, 담비, 고슴도치도 각자 사냥하느라 바쁘지요. 밤에 공원이나 거리를 산책하다 보면 이런 동물들을 만날 수 있을지도 몰라요. 물론 혼자 나가면 절대 안 되고, 어른과 함께 가야 해요.

숲과 들을 오랫동안 돌아다니려면 몇 가지 준비가 필요해요. 우선 튼튼한 신발을 신어야 해요. 음료수와 먹을 것이 담긴 배낭을 메고, 손전등, 주변 지도, 휴대전화를 들고 가는 것이 좋지요.

늘 다니던 곳이라도 밤에 보이는 풍경과 낮에 보이는 풍경은 무척 다릅니다. 어둠은 모든 것을 달라 보이게 하지요. 그렇기 때문에 계획을 꼼꼼히 짜거나, 그 지역을 잘 아는 사람과 함께 가야 해요.

어두워지면 주변이 잘 보이지 않기 때문에 밤에 산책을 할 때면 조그만 소리에도 귀를 잘 기울여야 해요. 밤에 숲에서 나는 소리를 들으면 약간 오싹하기도 해요. 무슨 소리인지 분간하는 게 쉽지 않지요. '깍깍' 소리는 두꺼비가 내는 소리일 수 있어요. '꽈악' 소리는 올빼미 소리일 수 있지요. 덤불 속에서 '딱' 하고 나뭇가지 부러지는 소리가 나지는 않나요? 부스럭대는 소리를 내는 건 누구일까요? 고슴도치, 아니면 사슴일까요? 연습을 조금 더 거치면 소리를 듣고서 동물의 크기도 가늠할 수 있을 거예요.

야행성 동물들은 다양한 시간에 활동해요. 어떤 동물은 해질녘부터 이른 아침까지 먹이를 찾으러 돌아다녀요. 또 어떤 동물은 자정까지 활동하다가 조금 쉰 다음, 아침이 밝아 올 무렵 다시 먹이를 찾아 나서지요.

노루, 사슴, 멧돼지는 태어날 때부터 야행성 동물인 건 아니에요. 도시의 소음과 교통, 농사 등 사람들이 만드는 소리와 환경 때문에 차츰 조용한 저녁이나 밤 시간에 활동하게 된 것이지요.

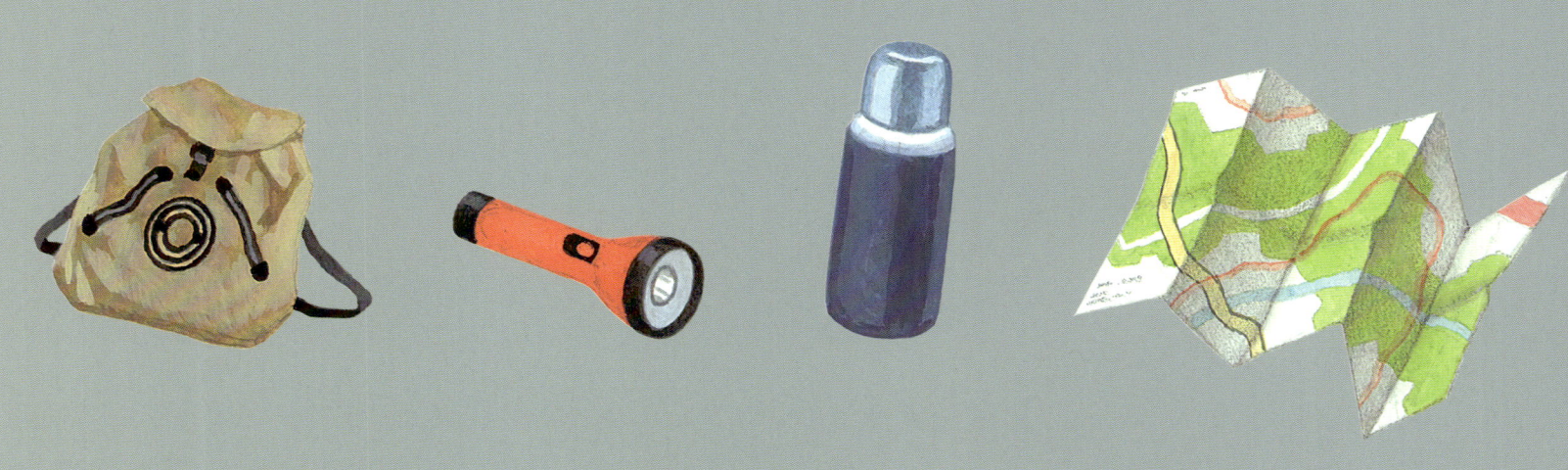

여름밤에 펼쳐지는 동물들의 활동 시간

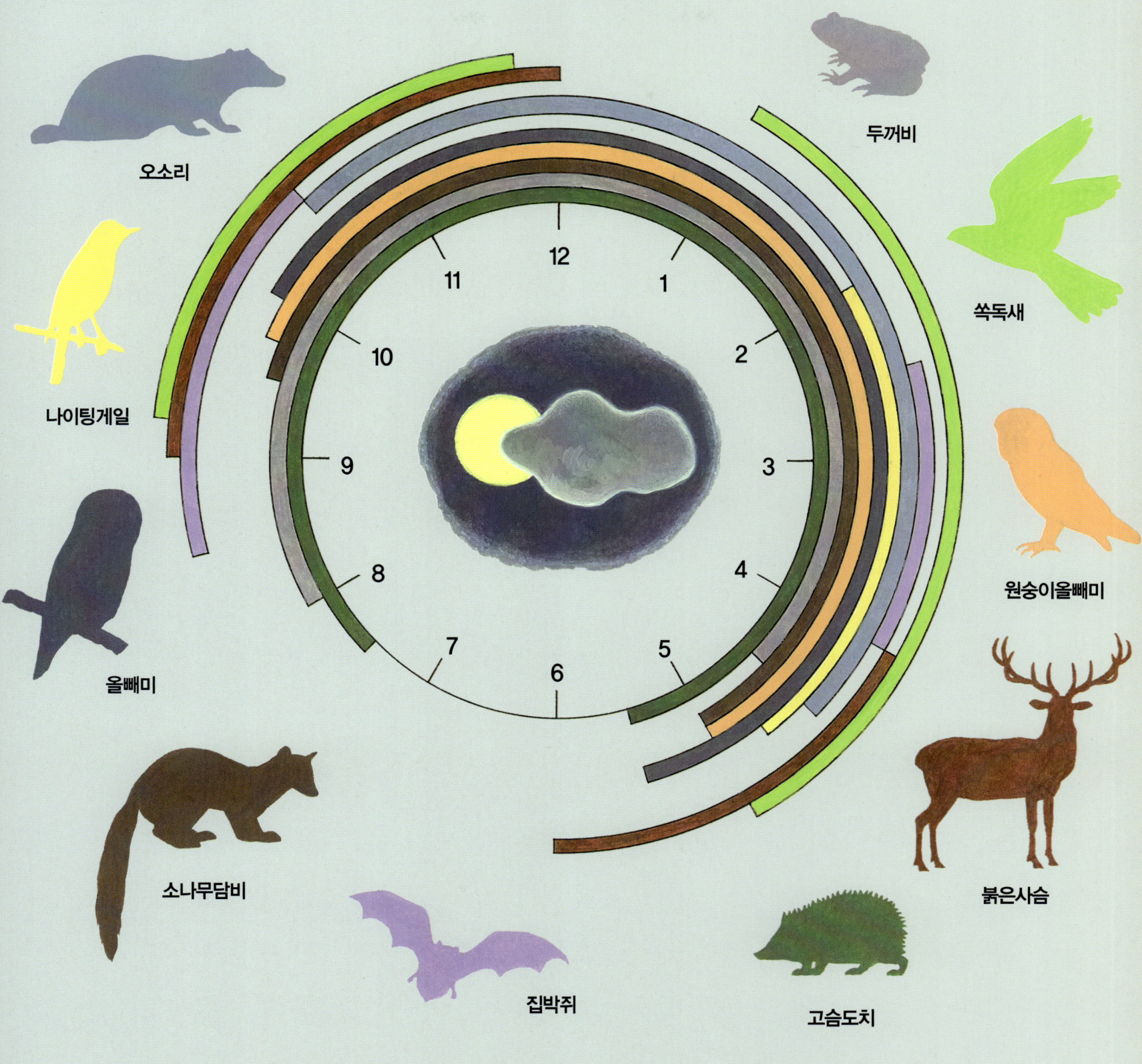

어떤 동물을 관찰하고 싶은지에 따라 각기 다른 장소를 찾아가야 합니다. 호수나 연못가에서는 곤충을 사냥하러 분주하게 날아다니는 박쥐를 볼 수 있어요. 가로등 주변에서도 관찰할 수 있지요. 가로등 주변에는 박쥐가 좋아하는 맛 좋은 나방이 날아다니니까요. 여우나 노루 같은 동물들은 만나기가 그리 쉽지 않아요. 몇몇 야생 동물 사육 공원에서는 이런 동물들을 관찰할 수 있도록 밤 산책 프로그램을 제공하고 있지요.
밤 산책을 하며 야행성 동물들을 만나 보세요. 특별한 모험의 시간이 될 거예요.
여러분이 이 책에 나온 야행성 동물들을 차츰 알게 된다 해도 밤은 언제나 신비로울 거예요.

찾아보기

가
검은민달팽이 32
고슴도치 41, 52, 53
곰쥐 46
관박쥐 7
금눈쇠올빼미 17
긴털족제비 36

나
나방 7, 18, 42, 44, 47, 50, 52, 53
나이팅게일 40, 52, 53
노루 13, 31, 52, 53
녹색두꺼비 33
눈박각시 42
늑대 24, 30

다
다람쥐꼬리겨울잠쥐 41
두꺼비 32, 33, 53
들고양이 26
들쥐 10, 16, 42

라
라쿤 48, 52

마
메추라기뜸부기 14
멧돼지 12, 52
미국너구리(라쿤) 48

바
바위담비 27, 49
박쥐 6, 7, 51, 52, 53
반딧불이 43
북방족제비(흰담비족제비) 15
불도롱뇽 33
붉은민달팽이 32
붉은사슴 53
비버 34, 35

사
사슴 22, 23, 24, 31, 52, 53
사향쥐 36
살쾡이(들고양이) 26
생쥐 9
생쥐귀박쥐 6, 7
소나무담비 27, 29, 49, 53
쇠족제비 42
수달 37
수리부엉이 29
숲쥐 20
스라소니 30, 31
스페인민달팽이 32
시궁쥐 46
쏙독새 18, 50, 53

아
알락해오라기 38, 39
양박쥐 6
여우 16, 21, 37, 50, 52, 53
오소리 21, 27, 50, 53
올빼미 10, 11, 16, 17, 18, 28, 29, 30, 32, 50, 53
원숭이올빼미 10, 11, 53
유럽겨울잠쥐 20
유럽햄스터 15

자
작은멧박쥐 6
저지타이거나방 42
주홍박각시 42
집고양이 8, 9, 26, 30, 31, 51
집박쥐 53
집쥐(시궁쥐) 46

차
청개구리 33
칡부엉이 28

카
큰노랑뒷날개나방 42
큰민달팽이 32

타
토끼박쥐 7

하
해골박각시 44, 45
흰담비족제비 15, 42

깨어나는 밤, 야행성 동물의 세계

펴낸날	초판 1쇄 2017년 8월 18일
지은이	토마스 뮐러
옮긴이	유영미
펴낸이	심만수
펴낸곳	(주)살림출판사
출판등록	1989년 11월 1일 제9-210호
주소	경기도 파주시 광인사길 30
전화	031-955-1350 팩스 031-624-1356
홈페이지	http://www.sallimbooks.com
이메일	book@sallimbooks.com

ISBN 978-89-522-3702-6 77490
살림어린이는 (주)살림출판사의 어린이 브랜드입니다.

※ 값은 뒤표지에 있습니다.
※ 잘못 만들어진 책은 구입하신 서점에서 바꾸어 드립니다.

이 도서의 국립중앙도서관 출판시도서목록(CIP)은 서지정보유통지원시스템 홈페이지
(http://seoji.nl.go.kr)와 국가자료공동목록시스템(http://www.nl.go.kr/kolisnet)에서
이용하실 수 있습니다.(CIP제어번호: CIP2017017346)

책임편집·교정교열 김주연 이은경